AF319230

EXPOSÉ DES MOTIFS DU PROJET DE LOI

déposé le 21 juillet 1871

ET PORTANT ABROGATION DU DECRET DE LA DÉLÉGATION DE TOURS

en date du 24 octobre 1870

RÉFUTATION DE L'EXPOSÉ DES MOTIFS

alinéa par alinéa

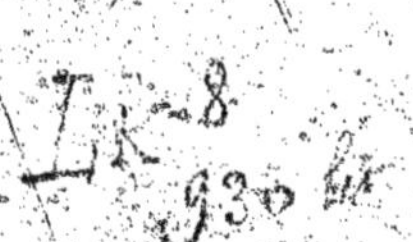

EXPOSÉ DES MOTIFS DU PROJET DE LOI

déposé le 21 juillet 1871

ET PORTANT ABROGATION DU DECRET DE LA DÉLÉGATION DE TOURS

en date du 24 octobre 1870

RÉFUTATION DE L'EXPOSÉ DES MOTIFS

alinéa par alinéa

L'Exposé des Motifs est marqué par des guillemets et des numéros.

---

1. — « Le nombre des Israélites s'est notablement augmenté dans la
» régence d'Alger, depuis la conquête : beaucoup sont venus d'un pays
» voisin, pour placer leurs biens et leurs personnes sous la garantie d'un
» gouvernement régulier. »

Le nombre total des Israélites qui sont venus des pays voisins est absolument sans importance, puisque la naturalisation est accordée *aux seuls
Israélites* INDIGÈNES. Le chiffre, d'ailleurs, est officiellement connu. Hommes, femmes, enfants, tous réunis, sont trente-trois mille, voilà le
nombre de Juifs indigènes après quarante ans de notre conquête.

2. — « Ils ont, d'ailleurs, conservé *les mœurs et les institutions tradi-
« tionnelles,* qui ont permis à leur race, par une exception unique, de tra-
« verser les âges, sans se confondre avec les autres, et ils ne se regar-
« dent point, en général, comme faisant partie de la communauté poli-
« tique. *Les intérêts dont ils s'occupent leur permettent de rester, en quelque
« sorte, étrangers à cette communauté,* ET NE LES ATTACHENT PAS AU SOL DU
« PAYS, *où ils résident avec plus ou moins de fixité.* »

Ces phrases sont copiées dans les écrits des temps passés ; elles témoi-
gnent d'une ignorance *vraiment fabuleuse* DES MŒURS ET DES INSTITUTIONS des

Juifs indigènes de l'Algérie. En effet, depuis la conquête, les Israélites
ont vu disparaître leurs chefs, leurs tribunaux, leurs lois civiles et crimi-
nelles ; ils sont soumis, pour tous les actes qui ne concernent pas leurs
statuts personnels (qui sont pour eux des lois religieuses), aux prescrip-
tions des lois françaises, à la justice des tribunaux français. Il n'y avait,
depuis 1865, pour séparation entre eux et les Français, que *leurs statuts
personnels* ABOLIS *par le décret du 24 octobre !*

C'est donc ce décret qui a métamorphosé les Israélites algériens ?
Depuis ce décret, ils ont donc tout-à-coup *repris les habitudes et la tra-
dition juive ?*

En effet, en 1865, *cinq ans et trois mois avant le décret*, M. Delangle,
devant le Sénat, dans un rapport très remarquable, faisait des Juifs
indigènes de l'Algérie le portrait que voici :

On peut affirmer d'avance que les plus riches et les plus considérables parmi
les Israélites se montreront impatients de pénétrer dans la voie qui leur est ou-
verte.

Les Israélites ont trouvé dans l'administration et dans l'armée des protections
énergiques. La liberté de leurs mouvements et la sécurité leur ont été rendues.
Ils s'en sont montrés reconnaissants, et, parmi les illustres capitaines qui ont
commandé les armées d'Afrique et que le Sénat compte aujourd'hui dans ses
rangs, il n'en est aucun qui ne témoigne que, dans l'occasion, les Israélites ont rendu
d'utiles services. OR, COMMENT DOUTER QU'AVEC L'INTELLIGENCE QUI LEUR EST
PROPRE, L'ESPRIT OUVERT AU PROGRÈS, *ils ne se hâtent de se confondre avec la nation qui tient le flambeau de la civilisation et dont le premier soin a été de les af-
franchir du joug sous lequel ils gémissaient ?*

Voilà ce qu'étaient les Israélites, en 1865, sous *l'Empire qui les déclarait
Français par un sénatus-consulte*, et les autorisait à réclamer individuel-
lement le titre de citoyen.

Mettez en regard le langage du vice-président du Sénat impérial en
1865 et le langage du ministre républicain en 1871 !

Continuons, en reprenant la phrase précédente :

3. — « Les intérêts dont ils s'occupent leur permettent de rester en
» quelque sorte, étrangers à cette communauté, et ne les attachent pas au
» sol du pays où ils résident avec plus ou moins de fixité. Cette situation
» particulière fait comprendre pourquoi les Israélites algériens, malgré

» leur nombre, n'ont jamais réclamé la naturalisation collective. L'initia-
» tive de cette mesure est venue des Français eux-mêmes. »

Mais où donc M. le ministre de l'intérieur a-t-il pris ses renseignements, qu'il expose sous la garantie de son affirmation ?

Comment ! Les Israélites indigènes ne veulent pas faire partie de la communauté politique ? Ils n'ont jamais réclamé la naturalisation collective ?

Le ministre ne connaît donc ni les pétitions des Israélites d'Alger, ni leur adresse à l'empereur lors de son voyage, ni les démarches si actives et si continuelles des Consistoires, en tête desquels marchait le Consistoire central pendant les cinq dernières années?

Ce n'est pas sur l'initiative française, c'est sur les demandes incessantes des Israélites, que les conseils généraux, consultés par le pouvoir, répondaient par la demande de la naturalisation collective. Constantine, Oran, Alger ont élevé leurs supplications vers le trône. Alger, en 1869, a, *sous l'Empire*, fait entendre le langage le plus élevé, le plus *louangeur*, pour ces Juifs qui, deux ans plus tard, *sous la République*, sont dégradés par le ministre : « Considérant, dit le conseil général d'Alger, *que les nombreuses preuves de patriotisme et les services rendus par les indigènes israélites* COMMANDENT IMPÉRIEUSEMENT *que le titre de* CITOYEN FRANÇAIS *leur soit accordé* SANS RETARD ! »

Comment, dans ces deux années, les Israélites indigènes sont-ils devenus *étrangers à cette communauté*, qui réclamait leur naturalisation avec de si belles paroles, à laquelle ils avaient donné DES PREUVES NOMBREUSES DE PATRIOTISME?

« Leur commerce, les intérêts dont ils s'occupent ne les attachent pas
» au sol du pays ! »

A la nouvelle de la présentation de votre fatal projet, d'Alger, d'Oran, de Constantine, sont accourues des députations pour protester devant la Commission qui, malheureusement, ne les a pas reçues, devant le Chef du pouvoir exécutif qui les recevra sans aucun doute. Les noms que je vais citer, sont les noms de plusieurs de ces députés.

Leur commerce! C'est le commerce le plus considérable que font les Israélites. M. VALENSI, *le Président du Consistoire d'Alger*, est l'armateur le plus important de l'Algérie : il a constamment en mer douze navires qui exportent les produits de cette belle et riche contrée, et qui viennent y importer les produits des autres contrées françaises ou étrangères.

« Ils ne sont pas fixés au sol du pays ! »

Ils n'y possèdent donc aucune propriété ! Mais ce même M. Valensi a des immeubles pour une valeur de cinq cent mille francs dans Alger, mais M. MAYER CHICHE a élevé, avec deux coreligionnaires, les trois grands bazars d'Alger, dont la construction a coûté deux millions de francs ! Mais M. Ben-Ichou, dans la petite ville de Blidah, possède plus de 100 mille francs de propriétés ; mais les Israélites sont propriétaires, dans Alger, d'un nombre considérable d'immeubles, d'un nombre considérable de maisons de campagne dans la fertile plaine : à Constantine, les Israélites possèdent, dans l'intérieur de la ville et dans le département, bon nombre d'immeubles, et autour même de la ville plus de cinq mille hectares de terrains cultivés par eux ou par leurs fermiers ; à Oran, s'ils ont moins d'immeubles urbains, quoique pourtant les Israélites propriétaires ne manquent pas, ils possèdent près de 12,000 hectares de terres qu'ils font valoir par des fermiers ou qu'ils cultivent eux-mêmes, conduisant la charrue ; là encore, le Président du Consistoire, M. KAROUBI, a formé dans une étendue d'environ mille hectares, qui lui appartiennent, une ferme modèle où se cultivent tous les produits du pays, dans des terres qu'il cultive lui-même et dans lesquelles 32 hectares de vignes donnent un vin de choix. M. KAROUBI a reçu, dans les diverses expositions, des médailles d'honneur. Il fait travailler constamment quinze familles dans ses fermes et cent ouvriers dans ses terres, dont beaucoup d'Espagnols, et l'*Israélite* dont les aïeux furent chassés d'Espagne sous le règne de Ferdinand et d'Isabelle, l'*Israélite a reçu du gouvernement espagnol la croix de Ferdinand et d'Isabelle !*

L'Exposé des motifs écrit ces mots : « Ils ne sont pas attachés au pays, » où ils résident avec *plus ou moins de fixité !* » Mais les ennemis des Israélites, ceux-là même qui attaquent le décret, jettent en Algérie le cri d'alarme contre CETTE NATION *qui envahit tout et aura bientôt acheté tout le pays !* Esprits haineux et rétrogrades, qui ne veulent pas comprendre qu'il y a désormais, en Algérie, faisant partie de la nation française, des Juifs Français, comme il y a des Protestants Français, des Catholiques Français. Et plaise au Ciel que la fortune immobilière des Israélites indigènes s'accroisse et se développe sur cette terre de l'Algérie ! Le décret du 24 octobre fait de tous leurs immeubles, de toutes leurs richesses, des immeubles français, des richesses françaises.

Nous arrivons au décret lui-même et, en vérité, je me demande quels sont les agents qui ont ainsi trompé le ministre.

Voici l'historique tel que le donne l'exposé des motifs :

4. — « Au commencement de 1870, M. Emile Ollivier, alors garde des » sceaux, saisit le conseil d'Etat, *sans aucune instruction préalable*, d'un » projet de loi portant collation de la nationalité française aux Israélites » indigènes. »

Sans aucune instruction préalable ! Mais apparemment, en transmettant le projet de loi à son collègue, le ministre président du Conseil d'Etat, le garde des sceaux l'accompagnait *du dossier* ; et, dans ce dossier, se trouvaient nécessairement les vœux des Conseils généraux, notamment le vœu du Conseil général d'Alger, dans lequel on lisait : Considérant que *les nombreuses preuves de patriotisme* et les *services rendus par les Israélites indigènes* COMMANDENT IMPÉRIEUSEMENT *que le titre de citoyen français leur soit donné* SANS RETARD.

Il y avait apparemment, dans ce dossier, les vœux et les pétitions qui avaient précédé le sénatus-consulte de 1865, et ce sénatus-consulte lui-même, avec le rapport du vice-président du Sénat, dans lequel le Conseil d'Etat lisait *ce que nous avons transcrit ci-dessus, page 2.*

Les mots : *sans aucune instruction préalable*, sont une bien pauvre accusation par un ministre au pouvoir contre un ministre déchu.

4 bis. — « Ce Conseil provoqua une enquête locale, réclama l'avis du » maréchal Mac-Mahon, gouverneur général, celui des chefs de la Cour » d'Alger, des préfets, des généraux commandant la division. »

Qu'est-il résulté de cette enquête locale ? *a-t-elle eu lieu ?* a-t-elle été favorable ou contraire à un projet émané du gouvernement qui, depuis plusieurs années, entendait les demandes successives de l'autorité algérienne, surtout des Consistoires et des Conseils généraux, réclamant la naturalisation des Israélites ?

Mais écoutons ceci :

5. — « APRÈS EN AVOIR CONSTATÉ LES RÉSULTATS, le Conseil d'Etat » AJOURNA le projet, qui, d'une autre part, *avait été accueilli plus que froidement par les Consistoires.* »

Où en sommes-nous ? Les Consistoires avaient *froidement* accueilli le déoret! Mais le Consistoire d'Oran, le Consistoire d'Alger l'avaient accueilli *avec bonheur*; le Consistoire de Constantine l'avait également adopté, sauf une restriction d'une faible minorité, qui s'était réservé l'examen du point de savoir : *si la naturalisation ne contrariait pas des doctrines religieuses.* Mais le consistoire de Constantine, qui ne fait plus aucune restriction, vient de transmettre à son grand rabbin, qui la dépose au sein de la Commission, une dépêche ainsi conçue :

Le 9 août 1871, à 4 heures du soir, le Consistoire israélite de Constantine s'est assemblé dans la salle ordinaire de ses séances, où étaient présents :

> MM. STORA ISRAEL, président.
> ATTALI BEN HAÏM,
> REMIME JACOB, } membres.
> ASKIL ADDA,
> NARBONI DAVID,

> Absents : MM. ATTALI BEN GOMRI, décédé.
> AB. CAHEN, grand rabbin, en mission à Versailles.

Le Président fait connaître au Consistoire que le Ministre de l'intérieur a soumis à l'Assemblée nationale un projet de loi portant abrogation du décret du 24 octobre, relatif à la naturalisation des Israélites algériens.

Le Président propose aux membres du Consistoire de protester contre ce projet de loi et de demander le maintien du décret du 24 octobre 1870.

Après délibération, le Consistoire adopte *à l'unanimité* la proposition formulée par M. le Président du Consistoire, et décide que copie de cette délibération serait adressée à M. le Grand-Rabbin, Ab. CAHEN, délégué à Versailles.

M. le Président est chargé, en outre de notifier télégraphiquement cette décision à M. le Grand-Rabbin, et de faire parvenir par cette voie à l'Assemblée le vœu de tous les Israélites, dont il est l'interprète autorisé.

La séance est levée à 4 h. 1/2.

Ont signé tous les membres présents :

> J. STORA, président, Jn ATTALI BEN HAÏM, ASKIL ADDA,
> REMIME, D. NARBONI, membres.

Le grand rabbin d'Alger, le grand rabbin de Constantine sont à Versailles, et celui d'Oran, retenu dans son diocèse, m'écrit : l'indignation que la pétition de Du Bouzet leur inspire et les sympathies qu'ils ont pour vous, sont des mobiles assez puissants *pour les attirer tous*. Et, chose curieuse ! La persécution a eu pour résultat de convertir à la naturalisation même les plus récalcitrants, au point que si la France les repousse, *ils demanderont la naturalisation américaine*.

Ainsi tombe assurément cette affirmation, que les Consistoires avaient accueilli *froidement* le projet de loi impérial.

6. — « Mais, ajoute l'exposé des motifs, le Conseil d'Etat, *constatant les* » *résultats, ajourna le projet de loi*. »

L'enquête a donc été faite ? Le maréchal, les préfets, les chefs de la cour, les généraux commandant les divisions ont donc envoyé leur avis ? Où sont ces pièces ? Où se trouve la résolution du Conseil d'Etat, prononçant l'ajournement ? Quels en sont les motifs ?

J'ATTESTE QUE CE N'EST PAS POSSIBLE. Le projet de décret impérial est du mois de mars. Si le Conseil d'Etat ajourna, ce fut alors, et probablement pour obtenir des éclaircissements qui lui manquaient. Est-ce le Conseil d'Etat qui avait demandé toute cette enquête ? Quoi ? Dans les quatre mois qu'il a survécu au mois de mars, il a obtenu une enquête, il en a constaté les résultats, il a *de nouveau ajourné*. Qu'on produise les décisions.

C'EST IMPOSSIBLE. Je le répète et je le prouve :

J'avais obtenu du garde des sceaux, la promesse formelle de la promulgation du décret de naturalisation collective. La promesse tardait à se réaliser. J'adressai le 19 juillet, en séance de la Chambre, l'interpellation que voici, telle que je la retrouve au *Moniteur* du lendemain, 20 juillet.

M. CRÉMIEUX. — Voilà bien longtemps que je réclame, au nom d'une population considérable, au nom de quarante mille Israélites algériens, qui désirent obtenir du gouvernement leur naturalisation.

Plus d'une fois, monsieur le ministre, nous en avons parlé ensemble, et j'ai trouvé, de la part du gouvernement, des dispositions qui me paraissent être favorables.

Au moment où les conseils municipaux vont être nommés, il serait d'une grande importance d'avoir 40,000 citoyens israélites de plus.

Ma demande se résume en ceci :

Naturalisation immédiate, s'il est possible, de 40,000 israélites algériens : ils la demandent depuis longtemps et dans mon dernier séjour à Alger, ils m'ont appelé à des réunions immenses, dans lesquelles ils ont réclamé de moi cette naturalisation, c'est-à-dire l'honneur d'être déclarés non pas Français, ils le sont déjà, mais citoyens français. (Approbation à gauche.)

M. LE GARDE DES SCEAUX.—L'honorable M. Crémieux demande au gouvernement de vouloir bien naturaliser 40,000 israélites algériens qui demandent à devenir citoyens français, car ils sont déjà Français. Je réponds à l'honorable M. Crémieux que LE GOUVERNEMENT DÉSIRE NATURALISER LES ISRAÉLITES. Seulement il est arrêté par une question de droit : la naturalisation peut-elle se faire en vertu d'un décret ou exige-t-elle une loi? Si l'honorable M. Crémieux croit qu'un décret suffit, son opinion de jurisconsulte a toujours du poids et elle en aura un grand dans nos décisions. Je le répète, ce qui nous arrête, c'est uniquement une question de forme. (Très-bien! très-bien!)

M. CRÉMIEUX répond qu'un décret suffira pour conférer à *des Français* le titre de citoyens.

Le garde des sceaux dit positivement : Le gouvernement *désire la naturalisation; il n'est arrêté que par une question de forme*. Donc il n'y avait pas eu, entre le 10 mars et le 19 juillet, une enquête, dont les résultats avaient fait ajourner le décret. Le rédacteur de l'Exposé des motifs a tout confondu : C'est en 1869 que cette enquête avait eu lieu : c'est alors que les autorités consultées, les conseils généraux et les consistoires en tête, avaient réclamé la naturalisation *comme impérieusement commandée*. Sous l'Empire, en effet, aucune autorité n'était opposée à la naturalisation, les Musulmans eux-mêmes la votaient dans les conseils généraux, dont ils étaient membres : SI-MOKHRANI la votait dans le conseil général de Constantine.

Donc c'était bien de l'avis des autorités que le décret impérial avait été proposé au conseil d'Etat (a).

(a) Voici les termes de ce décret, projet présenté au conseil d'État le 10 mars :

« Art. 1er. — L'*indigène musulman est Français*; néanmoins il continuera à être régi PAR
» LA LOI MUSULMANE.

» Il peut être admis à servir dans les armées de terre et de mer. Il peut être appelé à des fonctions et emplois civils en Algérie.

Que dire maintenant de l'alinéa qui suit ?

7. — « Cependant quelques mois après, *sous l'empire de vues inutiles à
» préciser*, la délégation de Tours, *par une mesure complétement étrangère à la
» défense nationale*, décidait que les israélites indigènes des départements de
» l'Algérie étaient déclarés citoyens français. »

Sous l'empire de vues inutiles à préciser, qu'est-ce donc que cette réticence ? Il y a, chez M. le ministre de l'intérieur, parti pris d'attaquer les
pouvoirs qui n'existent plus. Pour le ministre de l'Empire, il agit *sans
instruction préalable* ; quant à la délégation, *ses vues sont inutiles à préciser*.

Je déclare au ministre, qui tient le pouvoir, que les vues de la Déléga-
ti n sont faciles à préciser. La République a voulu ce que voulait l'Empire.
Elle s'est rencontrée une fois avec lui sur le même terrain, *celui de la civilisation*, et elle a voulu, comme l'Empire, l'émancipation *d'une race* qui, par
dix-huit siècles d'avilissement et de persécutions, méritait que la nation,
première parmi les nations civilisées, donnât en 1870 aux juifs de l'Algérie
ce qu'elle avait donné en 1791 aux juifs de la France, La République du
4 septembre 1870 se souvint que la République du 24 février 1848 avait

---

» *Il peut, sur sa demande, être admis à jouir des droits de citoyen français. Dans ce cas, il
» est soumis aux lois civiles et politiques de la France.*

» Art. 2. — *L'indigène israélite est Français* ; néanmoins il continue à être régi PAR SON
» STATUT PERSONNEL.

» Il peut être admis à servir dans les armées de terre et de mer. Il peut être appelé à des
» fonctions et emplois civils en Algérie,

» *Il peut, sur sa demande, être admis à jouir des droits de citoyen français. Dans ce cas, il
» est régi par la loi française.* »

Art. 3. — L'étranger, qui justifie de trois années de résidence en Algérie, peut être admis
à jouir de tous les droits de citoyen français.

Art. 4. — La qualité de citoyen français ne peut être obtenue, conformément aux articles
1, 2 et 3 du présent sénatus-consulte, qu'à l'âge de 21 ans accompli ; *elle est conférée par
décret impérial rendu en conseil d'État.*

Art. 5. — Un réglement d'administration publique déterminera :

1° Les conditions d'admission, de service et d'avancement des indigènes musulmans et
des indigènes israelites dans les armées de terre et de mer ;

2° Les fonctions et emplois civils auxquels les indigènes musulmans et les indigènes
israélites peuvent être nommés en Algérie ;

3° Les formes dans lesquelles seront instruites les demandes prévues par les articles 1, 2
et 3 du présent sénatus-consulte.

Ce projet de décret porte en tête ces mots : « Projet de décret relatif à la NATURALISATION
COLLECTIVE DE TOUS LES ISRAÉLITES INDIGÈNES DE L'ALGÉRIE. »

émancipé les nègres esclaves, elle émancipa les juifs algériens, qui, certes, méritaient ce grand acte de religion et de justice.

Voilà *ses vues* qu'il aurait été loyal de *préciser*, au lieu de les cacher dans une réticence sans excuse. Et le décret de naturalisation se termine ainsi comme le dit l'*exposé des motifs* :

8. — « En conséquence, leur statut réel et leur statut personnel seront, » à compter de la promulgation du présent décret, réglés par la loi fran- » çaise ; tous droits acquis jusqu'à ce jour restent inviolables. »

Les statuts israélites étaient abolis, les juifs, devenant citoyens fran- çais, étaient régis par la législation française.

M. Delangle avait dit :

En devenant Français, les indigènes ne sont pas obligés d'abdiquer les statuts, sous l'empire desquels ils ont vécu. Les lois qui régissent LA FAMILLE, LA PRO- PRIÉTÉ, LES SUCCESSIONS *sont maintenues comme par le passé.*

Ainsi les Israélites, devenus *Français* par le sénatus-consulte de 1865. n'abdiquaient pas leur statut personnel. Qu'est-ce que ce statut ? C'est le droit pour le père de famille de fixer une part minime à sa fille dans sa succession, dévolue pour neuf dixièmes à son fils ; c'est le *lévirat* ou le *déchaussement*, selon qu'il veut ou ne veut pas épouser la veuve de son frère, c'est la *répudiation de la femme par le mari*, c'est la *polygamie !*

N'était-ce pas une législation à faire disparaître ?

Le moyen d'en délivrer la civilisation, le projet de décret impérial le donnait dans son article 2 : L'Israélite indigène peut, sur sa demande, *être appelé à jouir des droits de citoyen français* ; DANS CE CAS, IL EST RÉGI PAR LA LOI FRANÇAISE.

Le décret du 24 octobre, en abolissant les statuts israélites, reproduisait l'article 2 du projet du décret impérial. Il a fait sur des habitudes, sur une institution de quatre mille cinq cents ans, cette belle conquête. Conquête morale, paisible et bien digne de la France civilisée, qui, abolissant chez les Israélites des lois que la religion avait consacrées de génération en géné- ration depuis tant de siècles, détruit le scandale et le trouble dans la mai- son, en poursuivant la polygamie ; détruit le scandale et le trouble dans la famille, en plaçant le principe si naturel de l'égalité entre les filles et les fils ; détruit la despotique suprématie du mari sur la femme, en lui inter- disant la répudiation.

Poursuivons :

9. — » *L'administration de l'Algérie n'avait pas été consultée.* »

L'Algérie était représentée à Tours par un nombre considérable de délégués, de députés, de citoyens. La délégation a mis près de trois semaines à faire le travail des huit décrets qui portent la date du 24 octobre et qui furent promulgués le 28. La délégation était si vivement pressée par les colons, venus de l'Algérie à Tours, que, dès le lendemain de la signature, M. Gambetta écrivait à M. Crémieux :

Tours, 25 octobre 1870.

» Mon cher maître, je vous prie de faire insérer immédiatement au » *Moniteur* les décrets relatifs à l'Algérie. *Il est impossible de prolonger plus* » *longtemps l'attente des délégués de la colonie. C'est s'exposer gratuitement à une* » *protestation de leur part, dont l'effet moral serait d'autant plus déplorable, que* » *la bonne apparence serait de leur côté.* Votre dévoué, Léon Gambetta. »

Il est bien facile, pour un ministre paisible, de charger un secrétaire de rédiger un mauvais projet de loi, abrogeant un excellent décret, surtout quand on croit flatter la majorité, en lui proposant l'abrogation d'un décret de la délégation. Il est plus difficile, en pleine révolution, de conserver le calme nécessaire pour subvenir à de grandes résolutions que des besoins impérieux réclament. Ce calme, la délégation l'a conservé dans la situation la plus grave.

10. — » Les fonctionnaires chargés de l'application ont cherché à limi-» ter et à atténuer les conséquences d'un acte qu'ils désapprouvaient. »

Quels sont donc les fonctionnaires qui ont désapprouvé, qui ont cherché à limiter le décret, à atténuer ses conséquences ?

Sauf une dépêche de M. Lucet, qui ne s'est pas renouvelée, aucune de nos autorités n'a désapprouvé le décret. Au contraire, *l'autorité suprême en* *Algérie*, le commissaire extraordinaire, M. du Bouzet, en a demandé *l'exten-* *sion, le complément*, comme *légitime, nécessaire, urgent. Cette extension devait* *assurer le repos de l'Algérie tout entière.*

Il est vrai que, depuis, M. du Bouzet n'a pas hésité à porter à l'Assem-blée une déplorable pétition, mais c'est depuis que la République du 8 fé-vrier a succédé à la République du 4 septembre.

Ce qui va suivre fait tomber la plume des mains !

11. — « *L'insurrection des Arabes n'a pas tardé à faire ressortir tout ce que*

» *ce décret a de dangereux et d'impolitique.* L'abrogation a été réclamée *à ce*
» *titre* par le gouverneur général et le ministre de la guerre. »

Est-il possible qu'on présente sérieusement le décret comme *le danger impolitique* auquel se rattache l'insurrection ? Quoi ! le GOUVERNEUR GÉNÉRAL en réclame l'abrogation ? (Je ne parle pas du ministre de la guerre, il est à Versailles et ne peut rien savoir par lui-même). Mais le gouverneur général civil ! Oui, c'est lui dont l'esprit, d'ailleurs si remarquable, n'a jamais su s'élever au-dessus du préjugé implacable contre les juifs et qui est entouré de tout ce qui devait nécessairement le fortifier dans cette pensée. C'est lui qui écrit, m'assure-t-on, lettres et dépêches sollicitant l'abrogation de ce décret si moral, si légitime, si nécessaire ! Il est donc vrai que l'intelligence et la bravoure ne suffisent pas à vaincre le préjugé religieux conçu dans le premier âge !

Sur l'insurrection des Arabes, il est impossible que vous ne sachiez pas ce que je vais dire. Elle a été décidée, sans aucun doute, dans la pensée de SI-MOKHRANI, après notre grande séance du 9 mars 1870, annonçant la fin du règne militaire et faisant présager l'abolition des bureaux arabes, dont l'amiral, soyez-en certains, vous demandera bientôt la suppression. Le régime militaire, sous lequel s'abritaient les chefs musulmans, allait cesser ; leur domination finissait en même temps, *Si-Mokhrani,* criblé de dettes qu'il ne payait pas, vit sa situation perdue. Il trama, dès ce moment, ce que nous avons vu depuis. Les désastres de l'empire, le coup de foudre de Sedan redoublèrent la fureur des chefs, en leur donnant l'espoir d'une insurrection victorieuse. Dès les premiers jours de septembre, éclatait une preuve décisive d'un plan arrêté : malgré l'avertissement d'usage, aucun des jeunes Arabes, élèves des écoles, ne rentra des vacances ; bientôt, les chevaux, les instruments de labour, les récoltes, les bestiaux disparaissaient dans les montagnes. Nos désastres croissant, les préparatifs marchaient avec énergie. La première étincelle partit de Soukara, quand les spahis, se refusant à s'embarquer pour la France, se révoltèrent et tuèrent un brigadier français; la seconde tentative eut lieu à *Milah.* Quand notre gouvernement du 4 septembre eut pris fin, quand ils connurent les conditions du traité passé sous le canon prussien, alors le fanatisme se réveilla dans toute son ardeur et, vivement commencée vers le milieu du mois de mars, l'insurrection étendit bientôt ses ravages. Elle dure encore et si diverses mesures énergiques, terribles, ne frappent pas publiquement les chefs qui nous ont trahi, les commandants de ces révoltés, si les tribus incendiaires ne sont pas frappées d'énormes amendes, assurées par le séquestre de tous leurs biens, l'insurrection recommencera devant la désastreuse tolérance, que l'on a constamment montrée après chaque sédition vaincue.

Aux yeux des Arabes, l'indulgence est faiblesse, la force est leur seule dominatrice. Céder à une de leurs prétentions, c'est perpétuer leur audace.

L'exposé des motifs fait ensuite cette réflexion :

10. — » L'assimilation ne se décrète pas, elle est l'œuvre *du temps.* » Quarante ans écoulés depuis la conquête, ce n'est donc pas *du temps* ! » L'œuvre d'un temps même assez court, lorsqu'elle *est dans les vœux des* » *populations auxquelles on l'accorde,* mais celle-ci n'est pas désirée et n'est » pas acceptée avec toutes ses conséquences. »

Comment nier encore 1° que l'assimilation accordée aux Israélites était dans les vœux de cette population à qui elle a été accordée ; 2° comment soutenir *qu'elle n'est pas désirée* par eux, qu'elle n'est pas acceptée avec ses conséquences ?

Les Israélites des trois départements de l'Algérie, sans exception, *désirent, demandent instamment* le maintien du décret ; tous les Consistoires français, le Consistoire central en tête, qui a été reçu par la commission et par le ministre, l'adoptent, le réclament dans toutes ses conséquences.

Que dis-je ? L'opinion de M. Delangle, en 1865, les demandes des Consistoires, les vœux des Conseils généraux, de 1865 à 1870 ; les *espérances* des hommes les plus marquants appelaient, en Algérie, la naturalisation collective des Israélites. Je crois que sur les six représentants que les trois départements ont nommés, un seul, M. Warnier, attaque le décret du 24 octobre, lui qui semblait être le défenseur le plus énergique de ce grand acte de civilisation. En 1868, trois ans après le sénatus-consulte et deux ans avant le décret, M. Warnier adressait à M. Rouher *un programme de politique algérienne* qui fut très remarqué. Il y écrivait ces mots : « Le » seul fait de l'octroi à l'Algérie des droits politiques, suffirait pour » engager beaucoup d'étrangers et d'indigènes, NOTAMMENT LES ISRAÉLITES, » *à demander la naturalisation.* »

Dans les cahiers algériens de 1870, M. Warnier écrivait encore : « La » naturalisation individuelle jette le trouble dans les intérêts des familles : » en maintenant les non-naturalisés sous une loi qui date de Moïse, et en

» soumettant les naturalisés à des lois qui changent chaque jour. *La natu-*
» *ralisation en masse,* au contraire, place tous les intérêts sous la sauvegarde
» de la même loi. »

Voici qui devient puéril et désolant à combattre ! Il fallait laisser à
M. du Bouzet ces petitesses calomnieuses ; transcrivons-les :

11. — » Lors de l'insurrection arabe, les Israélites ne se sont prêtés
» qu'avec une extrême répugnance au service militaire. Tout le monde sait
» qu'en Algérie, à part des exceptions très peu nombreuses, le tempérament
» et les mœurs des Israélites se refusent absolument à l'incorporation utile
» dans les rangs de notre armée ; ceux qui ont marché, en petit nombre,
» n'ont pas voulu s'accommoder de l'ordinaire du soldat en campagne,
» par le motif que leur loi religieuse s'y opposait. Il a fallu les renvoyer
» d'autant plus vite que les tirailleurs musulmans et les hommes des
» Goums ne pouvaient accepter l'idée de faire le coup de fusil contre
» leurs coreligionnaires arabes, en voyant des juifs dans nos rangs. Ainsi
» par des raisons qui leur sont propres ou qui tiennent à leurs rapports
» avec d'autres races, les Israélites sont incapables du service militaire. »

Répondons, puisqu'un ministre en 1871 reproduit contre les juifs de
l'Algérie tout ce qu'on disait en 90 et 91 contre les juifs de l'Alsace ! Nous
sommes à quatre-vingts ans de cette époque, où les plus magnifiques im-
provisations de M. de Clermont-Tonnerre, de Mirabeau, de Grégoire, de
Rabaut Saint-Etienne, répondant aux mêmes calomnies, appuyèrent la
belle proposition de M. de Castellane, qui devint l'article 10 de la déclaration des droits de l'homme.

M. de Lambrecht n'a pas fait un pas. Répondons :

A Oran, sur cent juifs faisant partie de la milice, 50 à 60, à Alger 280 à
300 ont été désignés pour les rangs de la garde mobile. Pendant qu'un
grand nombre de chrétiens s'évertuaient à trouver leurs moyens *d'exemp-*
tion, PAS UN ISRAÉLITE N'A RÉCLAMÉ.

Il n'en a pas été de même dans le département de Constantine ; ils ont
fait comme les chrétiens, tentant de se faire exempter ; mais de tous ceux
qui ont été désignés, *pas un n'a manqué à son devoir.* Ils ont tous fait le service, ils ont vécu avec les autres sous la tente. Tous ont fait les trois sor-
ties qui ont été commandées. Plusieurs Israélites de la colonne de Batna
ont été exclus des rangs par un chef catholique ; sur la plainte des exclus,
le consistoire a écrit au préfet ; devant le silence de cette autorité, il s'est

adressé au gouverneur général civil actuel, qui a répondu qu'il allait prendre des renseignements, mais qui, dans ses préjugés contre les juifs, n'a plus donné d'autre réponse. Tous ont accompli leur tâche patriotique. A Milah, ils se sont vaillamment comportés, et quand, protégeant des colons attaqués dans les environs de Sétif, une troupe de braves miliciens les arrachait aux fureurs des Arabes, un soldat, brave parmi ces braves, fut signalé *seul* par le commandant de la milice de Sétif, et ce soldat c'est *un citoyen français du 24 octobre*, un Israélite nationalisé, il se nomme SFAR.

Notre armée de la Loire, notre armée de l'Est, les bataillons de Garibaldi ont eu dans leurs rangs des Israélites algériens. Le ministre de la guerre ne le sait donc pas, lui qui les déclare incapables du service militaire ?

Le jeune Séror, d'Alger, a été fait capitaine et décoré. Le souvenir de deux frères me revient. Ils s'appelaient Abourlé ; ils marchaient ensemble, remarquables par leur courage ; soldats volontaires, l'un a été glorieusement tué, l'autre a reçu sur le champ de bataille les galons de caporal et s'en retournait, il y a quelques jours, en Algérie.

Qu'on signale donc les lâches qu'il a fallu renvoyer, PARCE QU'ILS N'ONT PAS VOULU S'ACCOMMODER DE L'ORDINAIRE DU SOLDAT. Leur religion ne leur impose aucune obligation, aucune interdiction pour la nourriture pendant la guerre ; telle est la décision du Grand-Sanhédrin qui oblige tous les Israélites citoyens Français : *Déclare que tout Israélite appelé au service militaire* EST DISPENSÉ PAR LA LOI, *pendant la durée de ce service*, DE TOUTES LES OBLIGATIONS RELIGIEUSES *qui ne peuvent se concilier avec lui*.

Qu'on signale les transfuges, qu'on signale avec eux le chef qui a favorisé cette fuite coupable. Que nous sachions *quel motif a pu le déterminer*, lui non Israélite, mais sans doute Chrétien profondément religieux, à autoriser cette lâche désertion.

La fin de ce paragraphe dépasse tout ce que l'imagination la plus hostile aux Israélites, tout ce que la plus humiliante faiblesse à l'égard des Musulmans pouvait inventer.

Quoi ? *Vous les avez renvoyés au plus vite*, parce que les Musulmans ne voulaient pas accepter l'idée de faire le coup de fusil contre leurs coreligionnaires arabes, en voyant des Juifs dans leurs rangs !

Quelles abominables paroles ! Mais dans tous les temps, des Juifs ont marché contre les Arabes, dans les bataillons de tirailleurs, dans les mêmes rangs que les Musulmans ; mais *les Turcos*, les meilleurs soldats indigènes, ont fait ensemble avec eux le coup de fusil contre leurs coreligionnaires !

Calomniateurs indignes, vous qui déclarez les Israélites algériens incapables du service militaire, quand, dans la milice même d'Alger, une compagnie de tirailleurs, tous Israélites, obtient la haute approbation de ce fonctionnaire élevé, leur ami dévoué quand il était au pouvoir, leur ennemi passionné quand leurs votes l'ont fait tomber devant le Conseil municipal d'Alger !

Etaient-ils donc les seuls braves ces Israélites auxquels M. du Bouzet lui-même rend hommage ? Il y en avait dans toute la milice.

Ecoutez d'abord le capitaine des tirailleurs volontaires, *chargé spécialement de l'instruction militaire de ce corps*, dans lequel les Israélites se trouvaient compris. Le capitaine Laude certifie *qu'il n'a eu qu'à se louer du zèle, de la discipline, de la conduite et de la dignité* des tirailleurs Israélites indigènes, formant la majorité de cette compagnie.

Il se plaît également à reconnaître *qu'ils ont manifesté un goût particulier pour l'art militaire* et que cette compagnie était citée à Alger *pour son instruction et son excellente tenue*.

Les Israélites indigènes faisaient partie, dans la milice, de la 1re, de la 2e, de la 3e compagnie du 1er bataillon, de la 1re du 2e; voici comment s'expriment les capitaines de ces compagnies :

Certifions que les miliciens Israélites sédentaires de la ville d'Alger qu'ils ont eu sous leurs ordres, *se sont toujours conduits en bons citoyens, qu'ils ont rempli rigoureusement tous leurs devoirs pendant la phase difficile que nous venons de traverser* ET QU'ILS ONT ÉTÉ CITÉS POUR LEUR DISCIPLINE ET LA BONNE VOLONTÉ APPORTÉE DANS LE SERVICE.

Voilà ce qu'ils ont fait à l'intérieur, voyons les *mobilisés* :

Le soussigné capitaine commandant la 2e compagnie du 2e bataillon de la milice d'Alger, déclare que le nombre d'Israélites indigènes faisant partie de la compagnie que j'ai l'honneur de commander, s'élève à quatre-vingts hommes environ, *parmi lesquels se trouvent des officiers*, sous-officiers, caporaux et clairons, accomplissant leur devoir de milicien avec exactitude et dévouement.

Je certifie, en outre, que *lors de la mobilisation* de la milice de cette ville en avril dernier, le nombre des Israélites partant *s'est élevé à trente hommes appartenant à la compagnie*, INDÉPENDAMMENT *de plusieurs volontaires qui se sont présen-*

tés au moment du départ de la colonne, et que tous se sont comportés, sinon comme *des troupes régulières, au moins comme de bons miliciens exercés et disciplinés, vivant fraternellement avec leurs camarades français.*

Ecoutez les officiers Chrétiens de la légion d'Alger :

Nous certifions que les miliciens Israélites, mobilisés pour les besoins du service au dehors, ont rempli leur devoir d'une manière irréprochable pendant la durée de la campagne à laquelle ils ont été appelés à concourir ; que pas un d'eux n'a été l'objet d'un blâme ou même d'un simple reproche pour affaire de service, et que pas un seul d'entre eux n'a abandonné son poste ou la colonne pendant l'expédition.

Voici maintenant l'autorité civile, le maire d'Alger, qui donne l'attestation suivante :

Nous, maire de la ville d'Alger, certifions à qui il appartiendra, que les Israélites de la commune *se sont conduits* DANS TOUTES LES CIRCONSTANCES DIFFICILES, QUE L'ALGÉRIE A TRAVERSÉES DEPUIS UN AN, *avec un zèle et un dévouement* DIGNES DES PLUS GRANDS ÉLOGES.

Pendant la guerre avec la Prusse, beaucoup d'entre eux se sont enrôlés et sont partis au secours de la France, qu'ils regardaient comme leur patrie ; d'autres ont prêté un concours très efficace en argent.

Pendant les troubles fomentés par les Arabes, et qui ont agité la ville d'Alger pendant les premiers jours du mois de mars, *les miliciens Israélites sont venus les premiers offrir leurs concours empressé à la municipalité pour rétablir l'ordre.*

Quand la garde nationale a été mobilisée pour aller, en l'absence de l'armée régulière, au secours des colons dont on pillait les fermes et que l'on assassinait, les *miliciens Israélites sont partis avec un louable empressement,* ET N'ONT CONSENTI A RENTRER A ALGER QUE SUR UN ORDRE FORMEL du général commandant les forces de terre et de mer.

La calomnie qui présente les Israélites algériens comme incapables de service militaire est-elle assez nettement réfutée ? Et quand elle s'étale ainsi en faveur des Musulmans devant lesquels on s'incline, on ne pourrait que couvrir de mépris ceux qui l'ont inventée, et qui trompent à la fois le gouverneur général civil et les ministres ; mais, quelles cruelles pensées doivent se présenter, en voyant les Israélites, toujours si dévoués à la France, sacrifiés ainsi lâchement à la population musulmane, toujours hostile ou insurgée !

Oui, en cédant ainsi devant les Musulmans, vous abandonnez ignominieusement les trente-cinq mille Juifs à leur population de 2,500,000 âmes. Marchez hardiment dans la voie infinie de la persécution religieuse; recouvrez du masque de la politique le terrible préjugé que vous réveillez. Soixante mille Juifs vous sont enlevés par les Prussiens devenus maîtres de notre Alsace, de notre Lorraine, de notre glorieux Metz, livrez-en trente-cinq mille aux Musulmans : cent mille Juifs de moins, quel magnifique holocauste !.....

Mais nous ne sommes pas au bout. Il faut aussi repousser les Israélites comme jurés.

12. — « Il faut prendre garde que les Musulmans ne souffriront » jamais patiemment de voir des Israélites siéger parmi leurs juges. »

La honte nous monte au front ! Mettez-vous donc aux genoux des Arabes, prosternez votre force devant leurs volontés !

Mais, attendez, ce que nous allons lire dépasse l'imagination. C'est notre décret du 24 octobre qui, en faisant les Israélites jurés, a fait éclater l'insurrection..... Oui, c'est écrit, lisez :

13. — « L'insurrection a éclaté au moment même où les populations mu- » sulmanes ont vu, *vers la fin de janvier* 1870, les Israélites faire fonction » de jurés. Alors seulement, ces populations, qui n'avaient pas été frappées » de la déclaration théorique du 24 octobre, ont compris qu'elles pou- » vaient devenir les justiciables des Israélites indigènes. Et si cette » interprétation des faits était contestée, on rappellerait que le Kalifa » de la Medjana, *Si-Mokhrani*, en renvoyant sa croix d'officier de la » Légion d'honneur, a fait savoir qu'il aimait mieux mourir les armes à la » main, que de tolérer l'affront fait à sa race, en plaçant les Israélites » au-dessus d'elle. L'attribution du droit de siéger comme jurés, faite à » ces derniers, est donc à la fois prématurée et dangereuse ; elle a été, » au moins, une des causes de l'insurrection. »

Comment qualifier cette affirmation si positive, *déclarée incontestable*, appuyée qu'elle serait d'une déclaration de *Si-Mokhrani*, puisée dans les contes Arabes ? M. du Bouzet lui-même n'y avait pas songé. *Si-Mokhrani*, *en renvoyant sa croix d'honneur, a* FAIT SAVOIR *qu'il aimait mieux mourir les*

— 19 —

armes à la main que de tolérer l'affront fait à sa race, en plaçant les Israélites
au-dessus d'elle !

Mais, d'abord, l'insurrection n'a pas éclaté au mois de janvier, elle a
éclaté vers la fin de mars (*a*). *Si-Mokhrani* l'avait préparée dès le mois de
septembre, mais elle n'apparaît qu'en mars, comme nous l'avons prouvé
page 12.

Mais à qui, comment, *Si-Mokhrani* a-t-il fait savoir sa magnanime résolution ? *Si-Mokhrani*, noyé de dettes et mort sans les payer, se posant comme
un grand homme ! Ce n'est pas trop de demander la production de la pièce
mémorable.

Et c'est l'humiliation de sa race qui lui fait prendre cette héroïque
décision ! Et, cette humiliation, c'est le décret du 24 octobre qui l'inflige
à sa race et à lui-même. La preuve ! La preuve ! Où est-elle ?

Eût-il écrit, sa lettre serait un mensonge, mais voici une preuve décisive
contre sa déclaration :

Si-Mokhrani était membre du conseil général de Constantine ; *Si-*
Mokhrani a pris part à tous les votes de ce conseil général, demandant chaque
année pour les Israélites cette naturalisation qui, accordée, *lui faisait*
renvoyer sa Croix d'honneur d'officier et prendre les armes pour mourir in-
surgé !

Entendre invoquer le témoignage de *Si-Mokhrani*, de cet homme qui a
organisé l'insurrection, *qu'il aurait dû combattre*, et qui est mort en la sou-
tenant par les assassinats et les incendies ! Appeler *Si-Mokhrani* en aide
pour enlever à l'Algérie trente-cinq mille citoyens Français ! Que son
ombre se réjouisse dans le sein du Prophète ! Aucune guerre sainte n'aura
fait plus de mal à l'Algérie !

C'est surtout de l'*électorat* qu'il faut éloigner les israélites. L'Exposé des
motifs suit pas à pas la déplorable pétition de M. du Bouzet, qu'il
résume :

15. — « Ainsi qu'il a été dit déjà, ils forment et continueront de former
» un corps à part, se considérant comme doués d'une existence propre, et,

----

» par conséquent, sous l'influence des chefs religieux qui les dirigent
» aujourd'hui ; ils porteront toujours d'un seul côté toutes les forces dont
» ils disposent. » Puisqu'on copie M. du Bouzet, laissez-moi transcrire ici
même la partie de ma réfutation qui correspond à cette exclusion de
l'électorat ; en voici l'extrait :

M. du Bouzet s'exprime ainsi : « Les Israélites l'emportent par la discipline. Les Consistoires ordonnent, les Juifs obéissent unanimement ; les
Français, au contraire, sont divisés en deux partis qui se balancent : les
modérés et les exaltés. »

Mais vous figurez-vous que les Juifs sont tous modérés, ou tous
exaltés ? Que les Consistoires ont le pouvoir de soumettre toutes les
opinions et de les mettre au même niveau ?

Voyons : Dans l'élection d'Alger, ils ont voté contre vous *avec les
exaltés* pour les membres de l'ancien conseil : c'était le 5 février.

Ce même jour, 5 février, Gambetta me transmettait une dépêche
d'*exaltés de Constantine* qui s'exprimaient ainsi : Rapportez ce décret,
qui est un crime. Il fait voter des gens *qui ne connaissent pas la République
et qui veulent la paix à tout prix.*

Donc, Alger a des électeurs juifs, républicains *exaltés*, tandis qu'à
Constantine les électeurs juifs sont des républicains *modérés par excel-
lence* : ils veulent la paix à tout prix.

Il y a donc aussi division parmi eux et vous les connaissez bien peu,
vous qui donnez à l'autorité religieuse cette influence.

Vous avez donc oublié *la lutte entre le Consistoire et la Communauté juive
d'Alger ?* Vous avez oublié la dépêche des délégués, que je vous en-
voyai et votre dépêche. Les voici toutes deux :

Les délégués de la Communauté israélite d'Alger à M. Crémieux,
ministre de la justice et des cultes à Tours, 9 décembre :

Conflit à son comble ; conséquences funestes. Pour mettre paix,
veuillez, au nom de Dieu, accepter démission du Consistoire actuel et
pourvoir à son remplacement par commission consistoriale. Ayez bonté
de donner en ce sens instruction télégraphique au commissaire.

Je transmis cette dépêche au commissaire. Le lendemain, 10 décembre,
M. du Bouzet m'envoyait ce télégramme :

« Malgré la dépêche à vous adressée par des Israélites, j'espère
pouvoir ne pas user du droit de nommer une commission consistoriale. »

L'autorité religieuse est donc bien loin d'exercer *sur l'unanimité juive* cette influence absolue que le pétitionnaire lui donne.

Donc, il y a parmi les Israélites, comme parmi les chrétiens ; en Algérie, comme sur notre continent, des exaltés et des modérés ; la division est là comme ici. Puisse-t-elle s'évanouir devant l'intérêt de la patrie !

Cette réponse à M. du Bouzet répond à l'exposé des motifs.

Suivant encore la pétition de M. du Bouzet, l'Exposé des motifs affirme, par des calculs, la certitude des triomphes électoraux pour les Israélites. Il établit trois centres de population : Oran, Constantine, Tlemcen.

A Oran, la population israélite serait à la population chrétienne dans la proportion des deux tiers moins un neuvième ; à Constantine, dans la proportion de la moitié plus une fraction d'environ deux huitièmes ; à Tlemcen, les Israélites sont en nombre égal au nombre des chrétiens, et l'on tire cette conséquence : « comme les Juifs s'entendent parfaitement, tandis que » les chrétiens ne s'entendent pas, ils seront toujours maîtres des élections » municipales et du conseil général. »

Mais il s'agit de la population électorale, non de la population entière. La population électorale chrétienne et juive, comment se divise-t-elle ? Vous le savez, dites-le. En tout cas, les Israélites ne sont égaux en nombre qu'à Tlemcen ; dans les deux autres villes, ils sont debeaucoup inférieurs. Et dans tous les autres centres, combien sont-ils d'électeurs dans chaque département ? C'est là qu'il faut porter la preuve. Vos calculs n'ont pas de base.

Et vous dites : 15. — « Il est aisé de voir que les votes des Israélites ne se » disséminant point comme ceux des Français, les conseils municipaux » pourront ne contenir, en fait de conseillers au titre français, *que des* » *israélites indigènes !* »

M. du Bouzet avait mis un peu plus de modération ; il avait dit ; Que du côté où se porteraient les voix israélites, il *y aurait majorité* pour le candidat qu'ils préféreraient parmi les candidats chrétiens.

L'Exposé des motifs les rend maîtres pour leur propre compte. Il y a progrès.

Et la conséquence est vraiment curieuse :

16. — « A côté des conseillers Israélites indigènes viendront se placer, il » est vrai, les conseillers étrangers et musulmans, dans lo nombre qui leur

» reste attribué : il n'est donc pas impossible *que les naturels français* se
» voient entièrement exclus d'un conseil municipal *français*.

» Le même résultat est à prévoir pour les conseils généraux, qui dis-
» posent de la moitié de l'impôt arabe, unique ressource des budgets
» départementaux. »

Malheureux Israélites ! le décret a beau vous déclarer citoyens français,
vous n'êtes jamais que des Israélites. Il y a les *naturels* français ; vous,
naturalisés, vous n'êtes pas *naturels*, et vous allez chasser les naturels ! Est-ce
donc à une Assemblée française que s'adressent de pareils arguments ?

Une dernière observation de ce magnifique exposé des motifs, qui restera
comme modèle :

— 17. — « Envisagée au point de vue français, cette situation est mauvaise ;
» la situation est bien plus mauvaise encore au point de vue des traditions,
» des mœurs et des antipathies des populations musulmanes, qui ne com-
» prendront jamais qu'on relègue 2,500,000 musulmans, *au titre de simples*
» *sujets*, tandis qu'on élève 33,000 Israélites au rang de citoyen français.
» Cette inégalité n'est point tolérable, elle doit disparaître par le retrait
» des droits politiques imprudemment conférés » :

1° Le point de vue Français a donc bien changé depuis le mois de mars
1870, où la naturalisation collective des Israélites était déclarée dans un
projet de décret impérial ?

2° Les mœurs, les traditions, les antipathies des Musulmans n'existaient donc pas, il y a dix-huit mois ; quand l'Empereur, sans se préoccu-
per de leurs pensées, déclarait cette naturalisation collective des Juifs ?
Mais quoi ! Napoléon était inintelligent de la situation des populations
algériennes, et le ministre de l'intérieur actuel les connaît bien mieux.
Et voyez comme il les connaît bien aujourd'hui : « Les Musulmans ne
» comprendront jamais qu'on les relègue *au rang de simples sujets* ; » le
ministre oublie qu'en république *aucun Français n'est sujet*. Que voulez-
vous ? Le projet de loi devrait être daté non de 1871, mais de 1781 ; il
est d'un siècle en arrière de notre temps, et le titre de *sujet*, donné
aux Musulmans, correspond merveilleusement à la dégradation infligée
aux Israélites.

« Ils ne comprendront pas qu'on relègue 2,500,000 Musulmans au titre
» de *simples sujets*, tandis *qu'on élève* 35,000 *Israélites à la dignité de citoyens*
» *Français*. »

Oh! ministre *vraiment Français*, qui, jugeant les Musulmans à son patriotique point de vue, s'imagine que le titre de citoyen français est envié par eux!
Combien sont-ils, depuis 1865, qui ont demandé ce titre? Les Musulmans
voulant être citoyens français! On a bien rappelé *Mahomet venant à la mon-
tagne*; mais les Mahométans, ambitieux du titre de citoyen Français! Les
Musulmans se regardant comme *inférieurs* aux Juifs, parce que les Juifs
sont élevés au titre de citoyen Français! Mais vous croyez donc sérieusement,
vous Roumis, que les Musulmans regardent les Français comme des êtres
SUPÉRIEURS? Les Musulmans *sont les premiers entre tous*; ils ont traité les Juifs
de renégats, qui ont abdiqué leur religion pour se faire ROUMIS; les Français,
que la destinée a faits leurs maîtres par la force, ne sont leurs maîtres que
jusqu'au jour où le MOULÉ-SAA viendra, par la guerre sainte, ou par l'ordre du
Prophète, les chasser de l'Algérie. Tous les Musulmans se regardent comme
supérieurs à vous; leur naturalisation qui les soumettrait à la loi française
est pour eux une violation de leur religion, *bien supérieure à la vôtre*. Ils
trouvent tout simple que les Juifs soient assez humbles pour abdiquer leur
loi en recevant une humiliante naturalisation; quant à eux, ils sont
Musulmans, ils veulent rester complétement Musulmans. Ils veulent
leurs lois, leurs tribunaux, leurs statuts, leurs habitudes. Encore une
fois, dites-nous combien, depuis six ans, ont demandé *d'être élevés
au titre de citoyens Français!* Et vous voulez que ces hommes qui sont ce
qu'ils sont, *parce qu'ils ne veulent pas être Français*, se regardent comme
inférieurs aux Juifs, à qui l'on impose le titre de citoyen Français, et qui
l'acceptent par ordre!

Je termine ici la réfutation de cet exposé de motifs qui n'a pas d'égal. Je
fais à l'auteur cette simple question : Supposons les 2,500,000 Musulmans,
élevés sur leur demande ou par la volonté de la loi, au titre de citoyens
Français, qu'ils regarderont comme un honneur, que deviendraient *les
naturels Français?* Conseillers municipaux, conseillers généraux, représentants à l'assemblée nationale, les Musulmans engloutiraient tout. Les
Israélites naturalisés Français, les naturels Français, en tout cent cent
soixante mille individus; que deviendraient-ils?

Il ne faudrait donc pas accepter les Musulmans qui voudraient être
citoyens français!

En vérité, les auteurs du projet de loi sont d'admirables civilisateurs!

Et maintenant que veut ce projet de loi? La loi abrogative ne peut rien détruire dans les faits accomplis pendant la durée du décret.

La loi abrogera le décret; mais elle n'abrogera pas ce principe protecteur de tous les droits, et sans lequel la législation produirait le chaos : LA LOI NE DISPOSE QUE POUR L'AVENIR, ELLE N'A POINT D'EFFET RÉTROACTIF.

Je sais bien qu'on a glissé dans cet exposé de motifs, où rien de mauvais ne manque, les mots que voici : La délégation de Tours, *par une mesure complétement étrangère à la défense nationale*; mais, en fait, ces mots restent sans portée : rien n'entrait mieux dans la défense nationale que de *soumettre à la loi française, en les déclarant citoyens français, 35,000 français, qui devaient fournir des soldats à la défense nationale*, et qui en ont fourni, quand l'Algérie était dégarnie de troupes.

Donc, la délégation, même quand on lui contesterait le pouvoir législatif en dehors de la défense nationale, était parfaitement dans son droit, en promulguant le décret du 24 octobre.

Mais le décret, ne touchât-il pas, *même indirectement*, à la défense nationale, n'en a pas moins été rendu par un pouvoir législatif compétent.

D'abord, *j'avais tous les pouvoirs* du gouvernement. L'article premier du décret du 12 septembre portait ces mots :

« M. Crémieux, membre du gouvernement de la défense nationale, » garde des sceaux, ministre de la justice, est délégué pour représenter le » gouvernement et *en exercer les pouvoirs*. »

Le décret du 16 septembre qui m'adjoignit MM. Glais-Bizoin et Fourichon, s'exprimait ainsi :

« M. Glais-Bizoin, membre du gouvernement, et M. l'amiral Fourichon, » ministre de la marine, se rendront à Tours et *y formeront, avec le garde » des sceaux, la délégation du gouvernement de la défense nationale, appelée à » exercer les pouvoirs de ce gouvernement* dans les départements non occupés » par l'ennemi. »

Le décret qui nomma dans M. Gambetta le quatrième membre de la délégation est dans les mêmes termes.

Donc, la délégation était, hors de Paris, le gouvernement.

Quant au système absurde, qui consistait à soutenir que ceux de nos décrets qui ne se rapportaient pas à la défense nationale devaient être regardés comme nuls, et que la loi devait procéder comme s'ils n'existaient pas, il est tombé à jamais devant la décision prise par l'Assemblée dans le scrutin sur l'amendement de l'honorable M. Bertault, modifiant la proposition de l'honorable M. Amédée Lefèvre-Pontalis.

Comment, en effet, supposer un gouvernement sans le pouvoir législatif? Comment supposer un gouvernement avec le pouvoir législatif dans une limite qu'il ne pouvait franchir? Le 5 septembre, nous avons pris le titre de Gouvernement de la défense nationale, mais est-ce que nous avons renoncé à promulguer les lois dont la situation de chaque jour prouverait la nécessité? Est-ce que nous n'avons pas, la veille, proclamé le gouvernement républicain? Est-ce que le lendemain, le gouvernement républicain n'existait plus, parce qu'il avait adopté ce beau titre : Gouvernement de la défense nationale?

Est-ce que ce gouvernement, qui abolissait l'Empereur, le Corps législatif, le Sénat, le conseil d'Etat, *les quatre éléments du pouvoir législatif*, NE REMPLAÇAIT PAS TOUT CE QU'IL AVAIT RENVERSÉ? Est-ce qu'enfin le pouvoir législatif n'est pas la première, la plus impérieuse nécessité d'un gouvernement?

Ainsi l'a jugé la Cour de cassation, dans un arrêt, en date du 8 juin, en cassant un arrêt de la Cour d'appel de Douai, qui s'était refusée à l'application d'un de nos décrets. La Cour reconnaît le pouvoir législatif au gouvernement de la défense nationale.

» Attendu, dit la Cour suprême, que le gouvernement de la défense
» nationale avait ASSUMÉ, SANS OPPOSITION DE LA NATION, la responsabilité de
» l'exercice DE LA PUISSANCE PUBLIQUE ET DU POUVOIR LÉGISLATIF ;

» *Qu'en se donnant pour objet la défense du pays, il s'engageait implicitement,*
» comme moyen d'atteindre ce but, à prendre les mesures nécessaires
» POUR PROTÉGER L'ORDRE INTÉRIEUR. »

L'Assemblée l'a heureusement compris ; il n'était pas possible que des dissidences politiques l'amenassent à déslarer que le pouvoir législatif était resté annulé pendant six mois.

Nos décrets subsistent, soumis de droit à l'Assemblée nationale, qui les modifie ou les abroge à sa volonté. Ce principe est la protection même de la société : comment ne pas le comprendre? Pendant l'exercice de notre dictature, nos décrets ont été exécutés; nul ne les a contestés, de sorte que le fait qui confirme le droit, ne peut être aboli; mais ces décrets s'ils sont contraires à une pensée, à un droit, à un principe, à un intérêt qu'il faut protéger, sont immédiatement abrogés par le pouvoir souverain de l'Assemblée : ils ont réglé le passé, l'avenir ne leur appartient plus.

Ces principes incontestables une fois posés, notre décret du 24 octobre peut être abrogé par une loi, mais cette loi ne peut disposer que pour l'avenir. Ce qui s'est passé sous l'influence, sous l'empire du décret reste acquis. Tous les Israélites indigènes Français depuis 1865, devenus citoyens par le décret, restent citoyens.

La loi nouvelle ne leur enlèvera pas leur qualité.

A quoi bon dès lors cette abrogation ?

Dira-t-on qu'à compter de la promulgation, les juifs indigènes qui seront conçus et qui viendront au monde ne seront pas citoyens français à vingt-un ans ? Soit, mais pourquoi l'abrogation du décret ? Une loi est si simple à faire :

» Les Israélites indigènes, ne deviendront à l'avenir citoyens français,
» que s'ils forment une demande individuelle en naturalisation, dans
» l'année qui suivra leur majorité. »

Il est vrai que, par cette mesure, si vous la jugez nécessaire, le décret du 24 octobre ne serait pas abrogé, et c'est une si pure satisfaction pour le *gouvernement républicain* de 1871 de faire abroger les décrets du *gouvernement républicain* de 1870 !

Et pourtant la nouvelle seule de la présentation du projet de loi a suffi pour jeter le trouble et le désespoir dans les familles. Elles ont vécu dix mois sous la loi du 24 octobre, c'est-à-dire sous la loi française, tous ont abdiqué ces statuts qui les séparaient de leurs frères français, et les naissances, les mariages, les testaments, les donations, tout a subi l'empire de la loi française.

Si le décret s'abroge, leurs statuts leur seront rendus. Que deviendront tous les actes contraires à ces statuts ? Les pères reprendront-ils leurs droits et pourront-ils abolir les donations qu'ils ont faites à leurs filles selon l'égalité de la loi française et contre le statut israélite ? Et leurs testaments, les fils pourront-ils en demander la nullité contre les filles ? Et les enfants ! Ceux qui sont nés pendant le règne du décret après neuf mois d'union entre leur père et leur mère, tous deux Français, sont citoyens à vingt et un ans ; ceux qui naîtront plus tard, conçus pendant le règne du décret, seront également citoyens français : *conceptus pro nato habetur*, mais ceux qui seront conçus et viendront au jour après la promulgation de cette loi nouvelle, seront Français sans être citoyens, de sorte que la famille aura une branche de citoyens français, une branche de Français non citoyens. Et la femme qui s'est donnée à un mari *qui ne pouvait pas même réclamer le divorce,* retombera donc sous la loi de ses statuts qui, *lui interdisant à elle la demande du divorce,* donne à son mari *le droit fatal de répudiation !* — Et la belle sœur qui, veuve, s'est remariée *sans le consentement du frère de son premier mari,* que deviendra son union devant le statut qui la brise ?

Votre projet de loi, c'est l'arbitraire, c'est la confusion, c'est le chaos.

Insensés qui, pour satisfaire un détestable préjugé religieux, ou pour remporter un déplorable triomphe politique sur la délégation, voulez dégrader ceux que nous avons relevés ; rendre ses traditions si heureusement abolies à une population qui, sans se plaindre, les a vues se briser et demande avec instances le maintien de leur abolition ; porter l'inégalité, le trouble, la discorde au sein de dix à douze mille familles, à qui nous avons assuré la paix intérieure et le calme domestique ! Insensés, qui ne pensez même pas que le jour où vous aurez enlevé aux Israélites algériens l'auréole française qui les protége, votre coupable faiblesse les aura livrés à la haine farouche des Musulmans, c'est-à-dire au pillage de leurs biens, aux attentats contre leurs personnes ! Insensés, qui, dans ces temps désastreux, où notre gloire militaire, qui nous faisait la première nation du monde, vient de subir de si cruels revers, voulez ravir encore à notre France la gloire qui lui appartient dans le mouvement si magnifique qu'elle a imprimé à la civilisation, la gloire si élevée d'avoir, la PREMIÈRE, proclamé la tolérance qui éteint les flambeaux et les bûchers des pérsécutions religieuses, d'avoir, la PREMIÈRE, levé le merveilleux drapeau de la philosophie, qui, en proclamant l'égalité des cultes, a établi entre tous les hommes la véritable fraternité !...

Devant votre loi, si l'Assemblée nationale ne la rejette pas, le monde apprendra que la France du dix-neuvième siècle a répudié le bel héritage que lui laissa, brillant de tant d'éclat, le dix-huitième siècle, dont elle fut l'orgueil !

AD. CRÉMIEUX

Paris. — Imprimerie Ch. Schiller. faub. Montmartre, 10.

www.ingramcontent.com/pod-product-compliance
Ingram Content Group UK Ltd.
Pitfield, Milton Keynes, MK11 3LW, UK
UKHW021033120726
13693UKWH00005B/2297